AF509856

RAPPORT

PRÉSENTÉ

A S. EXC. LE MINISTRE DE L'INSTRUCTION PUBLIQUE

ET DES CULTES

PAR M. P. MÉRIMÉE,

SÉNATEUR,

AU NOM DE LA COMMISSION[1]

CHARGÉE D'EXAMINER LES MODIFICATIONS À INTRODUIRE DANS L'ORGANISATION

DE LA BIBLIOTHÈQUE IMPÉRIALE.

(Arrêté du 19 décembre 1857.)

Paris, le 27 mars 1858.

Monsieur le Ministre,

Toutes les commissions instituées pour proposer ou pour examiner des projets relatifs à une réorganisation de la Bibliothèque impériale ont éprouvé une inquiétude bien naturelle, et que nous avons partagée. Les améliora-

---

[1] Les membres de la commission étaient :

MM. Mérimée, sénateur, membre de l'Institut, *président;* le général Allard, président de section au conseil d'État, *vice-président;* Lélut, membre de l'Institut, député; Marchand, conseiller d'État; Chaix d'Est-Ange, procureur général près la Cour impériale de Paris; Lascoux, conseiller à la Cour de cassation; Pelletier, conseiller référendaire à la Cour des comptes; de Laborde, membre de l'Institut, directeur général des Archives; de Longpérier, membre de l'Institut, conservateur au musée du Louvre; de Saulcy, membre de l'Institut; G. Rouland, directeur du personnel et du secrétariat général au ministère de l'instruction publique et des cultes, *secrétaire.*

tions, les réformes qui semblent les plus désirables, soulèvent presque toujours une question de personnes, et l'on hésite à proposer une mesure utile, quand on réfléchit aux conséquences qu'elle peut avoir sur la position d'hommes estimables par leur caractère et leur savoir.

Plus heureux que nos devanciers, nous n'avons pas eu longtemps à nous défendre de cette préoccupation. Votre Excellence en avait apprécié tout d'abord la gravité; dès notre première réunion, Elle nous avait annoncé son intention formelle de ménager toutes les positions acquises, et de ne procéder que par voie d'extinction ou de compensation aux réformes qui pourraient être nécessaires. Cette assurance, que nous avons accueillie avec bonheur, nous donnait la plus grande liberté d'action, et nous permettait d'envisager d'une manière tout à fait impartiale les importantes questions soumises à notre examen.

I.

DIVISION DE LA BIBLIOTHÈQUE EN DÉPARTEMENTS.

La première question dont nous ayons eu à nous occuper était celle de savoir si les départements qui composent aujourd'hui la Bibliothèque impériale avaient réellement entre eux une connexité, telle qu'ils dussent être réunis sous la même administration et dans le même édifice. Devait-on conserver l'ensemble des services actuels, ou bien en séparer les départements qui ne se rattachaient pas directement à la collection des imprimés, la plus considérable de toutes? Malgré la reconstruction prochaine d'une partie de la Bibliothèque, il est nécessaire, dès à présent, de ménager le terrain et de prévoir l'accroissement rapide des collections. A cette question s'en lie une autre : quelle sera la composition de chaque département et la nature des collections qu'il doit renfermer?

Un seul département nous a paru réuni à la Bibliothèque impériale par une espèce d'anomalie, c'est celui des estampes. Dans presque toutes les capitales de l'Europe, les collections d'estampes font partie d'un musée ou d'un établissement spécialement consacré aux beaux-arts. A Paris, les visiteurs qui fréquentent le cabinet des estampes sont, en grande majorité, des artistes. Leurs recherches sont d'une nature toute différente de celles qu'on se propose en entrant dans une bibliothèque. Nous ajouterons que le règlement même de la Bibliothèque impériale a marqué clairement la distinction qui existe entre la collection des estampes et celle des imprimés. Tout livre accompagné de planches gravées, tout atlas faisant suite à un ouvrage, toute gravure publiée avec un texte, appartiennent au département des imprimés. Il semble que, dès l'origine, on ait prévu une séparation inévitable et qu'on se soit appliqué à rendre le dépôt des imprimés indépendant du cabinet des estampes. A notre avis, la seule place qui convienne à ce dernier est dans un musée. Produits d'un des arts du dessin, les gravures doivent compléter l'œuvre des maîtres, dont les tableaux sont offerts à l'étude.

Une séparation semblable avait été proposée à l'égard du cabinet des médailles. A l'appui de cette mesure, on alléguait qu'en général les monnaies antiques et les pierres gravées sont des objets d'art, plutôt que des documents historiques, et que, pour leur connaissance et leur interprétation, la proximité d'une vaste collection de monuments antiques est plus à rechercher que celle d'une bibliothèque; enfin, que quatre ou cinq mille volumes placés dans le cabinet des médailles suffiraient aux besoins des conservateurs et des visiteurs.

La majorité de la commission n'a pas partagé cette opinion. L'exemple de toutes les grandes bibliothèques de l'Europe, dans lesquelles les médailles sont rapprochées des imprimés, a semblé consacrer la réunion des deux départements. En outre, des témoignages irrécusables ont fait connaître les communications continuelles qui existent entre eux, et le besoin fréquent de consulter des livres rares en présence des médailles et des pierres gravées, objets qui ne doivent jamais être communiqués en dehors du cabinet.

Tout en se prononçant pour le maintien du cabinet des médailles dans l'ensemble de la Bibliothèque impériale, la commission a remarqué qu'il avait indûment reçu un certain nombre de bronzes et de marbres antiques ou même d'objets de pure curiosité, armes, échantillons d'histoire naturelle, etc. qui doivent évidemment trouver leur place véritable dans une autre collection. A la vérité, quelques-uns de ces objets ont été recueillis en vue d'aider les recherches numismatiques, mais le plus grand nombre n'est réellement utile que pour l'étude des beaux-arts et de certaines branches de l'archéologie. Au sentiment de tous les membres de la commission, ce serait une mesure excellente que de former des dépôts spéciaux avec les objets de même nature, servant aux mêmes études. En thèse générale, nous voudrions que le dépôt spécial le plus riche absorbât le plus pauvre ; que les objets qui ne sont dans une collection que des curiosités exceptionnelles allassent prendre leur rang, pour ainsi parler, dans une autre collection où ils ont leurs similaires en nombre, et disposés méthodiquement. On compléterait ainsi heureusement nos collections principales ; on offrirait un enseignement plus large et mieux combiné ; enfin on préviendrait le renouvellement d'une espèce de scandale, qui plus d'une fois s'est produit dans les ventes, celui de deux établissements publics enchérissant l'un sur l'autre, pour acquérir le même objet. Si Votre Excellence approuvait en principe la répartition méthodique que nous appelons de tous nos vœux, nous ne doutons pas qu'Elle n'obtînt aussitôt l'assentiment de ses collègues. Alors le cabinet des médailles, où, sauf quelques rares exceptions, nous ne voudrions plus admettre que des monnaies et des pierres gravées, aurait à réclamer à la Monnaie des séries de médailles ; au musée du Louvre des intailles et des camées qui s'y trouvent sans motifs plausibles, comme sans utilité pour le public.

Un échange semblable devrait avoir lieu, nous le pensons, entre le cabinet des manuscrits et les Archives de l'Empire. Le premier aurait à céder un grand nombre de chartes détachées et scellées, et surtout la collection dite *Cabinet généalogique,* qui, au sentiment de tous les membres de la commission, doivent appartenir aux Archives. En retour, les Archives auraient à envoyer au département des cartes et plans près de 20,000 cartes géographiques, dont on s'explique difficilement le dépôt dans un établissement tel que celui qui les possède aujourd'hui.

Enfin, en se séparant de la Bibliothèque impériale, le cabinet des estampes remettrait au dépôt des cartes et plans la majeure partie de *la collection topographique* qui, en tout état de cause, devrait être jointe à ce dernier département.

Nous venons d'indiquer les déplacements qui nous semblent nécessaires et incontestables. Il y en a d'autres, peut-être, qui seraient également utiles : toutefois, nous croyons que cette mesure ne doit être poursuivie qu'avec beaucoup de prudence. Il serait dangereux de diviser des objets dont la réunion est universellement acceptée, et, à notre avis, l'utilité pratique doit l'emporter sur toute autre considération. Ainsi, bien que nous n'ayons pas hésité à proposer la séparation du cabinet des estampes, nous croirions très-fâcheux que la collection elle-même fût divisée. Sans doute, on pourrait distinguer, à la rigueur, les pièces qui la composent en objets d'art et

en documents historiques; mais quel serait le résultat d'une pareille division? on formerait deux collections incomplètes et l'on rendrait les recherches plus difficiles.

Les déplacements que nous proposons, il ne faut pas se le dissimuler,
n'auraient pas lieu sans quelques difficultés. Bien qu'admettant en principe
la règle que nous avons posée, chaque établissement tient à conserver ce
qu'il possède, et met un certain amour-propre à garder ses envahissements
les moins justifiables. Nous aimons à croire que les résistances céderaient
à un moment de réflexion; mais, pour ne pas causer trop de regrets aux
conservateurs, il serait peut-être à propos de les dispenser de la tâche,
trop pénible pour eux, d'éliminer les objets étrangers à leur collection
spéciale. Une commission pourrait remplir cet office avec plus d'impartialité,
et nous sommes assurés que son travail ne serait ni long ni difficile, si elle
tranchait les questions par le simple bon sens, au lieu de s'engager dans
les subtilités au moyen desquelles on peut essayer d'établir de l'analogie
entre les choses les plus disparates.

Bien que la collection de musique annexée au dépôt des imprimés ren-
ferme un assez grand nombre de manuscrits, nous ne pensons pas qu'elle
doive être scindée. Elle forme de fait une section spéciale qui nous semble
devoir être maintenue.

Il existe à la Bibliothèque impériale un cours d'archéologie, qui, dans le
principe, devait être professé par le conservateur du cabinet des médailles.
La commission, tout en estimant que ce cours pourrait être plus convena-
blement placé dans une autre enceinte, se ferait un scrupule de priver le
public d'un enseignement utile, ouvert dans un quartier central. D'ailleurs,
une salle de cours est nécessaire à la Bibliothèque pour l'étude des langues
de l'Orient, qui ne peut être cultivée qu'à proximité d'une riche collection
de manuscrits. La même salle peut servir pour le cours d'archéologie et
n'exige pas un emplacement très-considérable.

II.

ADMINISTRATION.

Après avoir ainsi fixé la composition des divers départements, il importe
de leur assurer une administration régulière et uniforme. A notre senti-

ment, le plus sûr moyen d'y parvenir, c'est de la confier à un chef unique, qui, sans entrer dans le détail des services spéciaux, imprimerait à tout l'établissement une direction conforme aux vues du Gouvernement et aux besoins du public. Aujourd'hui il existe un administrateur général, mais son autorité n'est ni réelle, ni bien clairement définie. L'ordonnance du 2 juillet 1839 réserve *exclusivement* aux conservateurs la police, la surveillance, la répartition du travail dans leurs départements respectifs (art. 13). Toutes les mesures importantes sont prises par l'assemblée des conservateurs, et l'administrateur général ne peut qu'enregistrer leurs décisions. Il en résulte que chaque chef de service est à peu près indépendant, car il ne reconnaît d'autorité que celle du conservatoire, c'est-à-dire de ses collègues, intéressés à ménager son indépendance, pour conserver la leur. Quel que soit le zèle de ces fonctionnaires pour les intérêts généraux, il est de la nature d'une telle assemblée de ne tendre que médiocrement au progrès. Chacun ayant sa spécialité croit bien faire en s'y renfermant; il a ses habitudes, et plus elles sont anciennes, plus il les trouve respectables. Plein de confiance dans les intentions et dans l'expérience de ses collègues, il croirait presque indiscret de s'occuper de choses qui les regardent plus particulièrement. Aussi les registres des délibérations du conservatoire offrent-ils rarement les traces de discussions générales, et les propositions d'amélioration y sont peut-être un peu froidement accueillies, du moment qu'elles imposent des devoirs nouveaux aux fonctionnaires. Cet état de choses a souvent excité des plaintes, et probablement il faut lui attribuer la lenteur avec laquelle ont été poursuivies la plupart des réformes réclamées par le public. Il en serait autrement, sans doute, si l'administration était concentrée entre les mains d'un chef, seul responsable, intéressé à introduire toutes les améliorations qui lui seraient signalées, à réformer tous les abus dont il serait averti. C'est l'adoption de cette mesure que nous avons l'honneur de vous proposer. Dans nos idées, il n'y aurait à la Bibliothèque qu'un seul chef, qui prendrait le titre de directeur, et administrerait réellement sous sa responsabilité personnelle. Il aurait, sous votre approbation, l'initiative de toutes les mesures nécessaires pour le bien du service. Les conservateurs, dont l'expérience devrait l'éclairer pour tout ce qui concernerait leur spécialité, continueraient à être consultés par lui aussi souvent que cela serait utile.

III.

PERSONNEL.

Nous avons besoin de nous rappeler vos bienveillantes intentions à l'égard des fonctionnaires actuels, Monsieur le Ministre, pour vous exposer avec toute franchise notre manière de voir sur la composition du personnel de la Bibliothèque impériale. En France, depuis fort longtemps, les fonctions de conservateur sont dévolues à des hommes qui se sont fait un nom par leurs travaux littéraires. En donnant une place modeste à un lettré ou à un savant, dont la vie s'est usée dans des recherches peu profitables pour sa fortune, le Gouvernement n'a, le plus souvent, pensé qu'à lui procurer des livres et des loisirs pour ses études. Il a cru faire justice et récompenser le mérite. Loin de nous de blâmer la récompense; seulement nous nous permettrons de remarquer que, sans être proportionnée au mérite de celui qui en est l'objet, cette récompense ne tourne pas toujours à l'avantage du public. On peut être auteur de livres excellents, et n'avoir pas les qualités d'un bibliothécaire. L'activité, la méthode, une certaine passion pour les livres, une mémoire exercée, l'habitude de l'ordre, tels sont à nos yeux les titres principaux aux emplois de conservateur. Hâtons-nous d'ajouter que ces qualités se trouvent réunies à la plus haute érudition dans le personnel de la Bibliothèque impériale. Mais peut-on espérer qu'on fera toujours, dans l'avenir, des choix aussi heureux? Il serait plus prudent, peut-être, de chercher des hommes pratiques que des fonctionnaires illustres. Peut-on demander à un savant célèbre dans toute l'Europe l'assiduité qui est le devoir et le goût d'un bibliophile? On croirait, en l'exigeant, lui dérober des heures qu'il emploierait à des travaux glorieux, et l'on rougirait presque de le condamner à classer des livres et à surveiller la rédaction d'un catalogue. D'un autre côté, la modicité des traitements affectés à ces fonctionnaires suffirait pour empêcher qu'on leur demandât un travail trop assujettissant. On approuve qu'ils cumulent leurs fonctions avec d'autres places, et qu'ils partagent leurs temps avec d'autres occupations, souvent non moins attachantes.

Il nous semble, Monsieur le Ministre, que la réforme la plus importante et la plus féconde en résultats utiles, c'est de rendre les fonctions de conservateur et d'employé incompatibles avec l'exercice d'autres places; et, par une conséquence forcée, il faut attacher à ces fonctions un traitement convenable et proportionné au service continu qu'on doit en exiger.

Le principe qui nous a dirigé pour fixer les attributions du directeur, nous conduit à vous proposer de ne nommer à l'avenir qu'un seul conservateur par département. Il serait assisté d'un conservateur adjoint et de plusieurs chefs de section chargés chacun d'un service spécial. Le département des imprimés, en raison de son étendue, exigerait peut-être, par exception, deux conservateurs adjoints. Quant aux chefs de section, chacun d'eux, bien qu'attaché plus particulièrement au service pour lequel il aurait le plus d'aptitude, pourrait cependant être employé hors de sa spécialité, lorsqu'il en serait besoin.

Les employés inférieurs seraient divisés en trois classes. Enfin, pour donner à l'administration un moyen d'épreuve, le premier degré serait celui d'*employé provisoire*, titre qui, au bout d'une année, pourrait être changé en celui d'employé de troisième classe.

Voici quel traitement nous proposons d'affecter à chaque emploi :

Employé provisoire......................	1,800 francs.
———— de 3ᵉ classe.................	1,800 à 2,400.
———— de 2ᵉ classe.. :...................	2,500 à 3,000.
———— de 1ʳᵉ classe....................	3,200 à 3,600.
Chef de section.........................	4,000 à 4,500.
Conservateur adjoint....................	7,000.
Conservateur	10,000.
Directeur..............................	15,000.

Nous n'avons pas cru devoir entrer dans le détail du nombre des employés qui devraient être attachés à chaque département, de la répartition des différentes sections dans chaque service, des réductions ou des augmentations qu'il conviendrait de faire au personnel. En thèse générale, nous estimons que des réductions pourraient être opérées dans les grades supérieurs, tandis que le nombre des employés et des hommes de service devrait être augmenté. Toute proposition, à cet égard, ne peut vous être faite utilement que par le directeur, qui, éclairé par le rapport des conservateurs, peut s'assurer des besoins réels de chaque département.

Nous nous bornerons à réclamer, dans l'intérêt de la collection des imprimés, qu'un employé soit chargé d'un service spécial, qui consisterait à présenter au conservateur la note des acquisitions à faire. A cet effet, il aurait à parcourir les catalogues de vente, ainsi que les revues littéraires et scientifiques publiées en pays étranger; il veillerait à l'accroissement utile de la collection et contrôlerait les propositions adressées par les libraires. Ces fonctions qui exigent une aptitude particulière, outre la connaissance des principales langues de l'Europe, sont difficiles sans doute; mais nous croyons que, dès aujourd'hui, on trouverait dans le personnel de la bibliothèque plusieurs employés en état de les remplir.

Il serait sans doute à désirer, pour exciter le zèle des fonctionnaires, que l'avancement eût lieu régulièrement de grade en grade; mais il est bien plus important de tenir compte de l'intelligence de chacun et des services effectifs qu'il a rendus. Pour les employés, nous avons jugé qu'on pourrait exiger deux ans d'exercice dans une classe avant de passer à une classe supérieure; mais à l'égard des conservateurs et des conservateurs adjoints, nous croyons impossible de fixer des règles pour éclairer les choix du ministre ou pour restreindre les propositions du directeur.

Nous avons également reconnu combien il serait difficile de préciser des conditions d'admission pour les employés, et il nous a semblé préférable de n'exiger des candidats que le diplôme de bachelier ès lettres ou ès sciences, qui offre la garantie d'une bonne éducation et des connaissances indispensables pour le service de la Bibliothèque impériale.

IV.

VACANCES.

La commission a reçu plusieurs réclamations au sujet des vacances. Sous le régime actuel, elles ont lieu à une époque de l'année où un grand nombre d'étrangers arrivent à Paris. Plus d'une fois nous avons entendu des savants, venus de fort loin, exprimer leurs regrets de ne pouvoir se livrer à des recherches, qu'il leur eût été difficile de faire dans un autre temps. Nous croyons qu'il serait utile de supprimer les vacances, et de les remplacer par des congés accordés suivant un roulement entre les employés.

V.

SERVICE PUBLIC.

La Bibliothèque impériale doit-elle être publique, ouverte à tout venant, ou bien ne faut-il y admettre que des personnes conduites par l'amour de l'étude et munies d'une autorisation? Cette question a paru mériter un examen approfondi, et la commission a recueilli l'avis des conservateurs et celui de plusieurs personnes qui fréquentent depuis longtemps la Bibliothèque. En général, les employés se plaignent de l'entrée libre. Un grand nombre de visiteurs ne prennent des livres qu'afin d'avoir un prétexte pour se chauffer. Beaucoup demandent des livres frivoles ou même infâmes. On nous a représenté des bulletins de demande qui dénotent une ignorance si grossière, qu'évidemment leurs auteurs n'ont besoin d'aucun autre ouvrage que du rudiment[1]. Les employés ont réuni ces bulletins qui emplissent un grand carton. De pareils lecteurs, dit-on, gênent et éloignent les travailleurs sérieux; ils font du bruit, ils sont grossiers et leur voisinage est incommode. Quelques-uns mutilent des volumes et en arrachent des feuillets pour s'épargner la peine de prendre une note. N'est-il pas regrettable de déranger des employés pour de telles gens, pour les surveiller, leur expliquer ce qu'ils ont à faire, ou même pour comprendre ce qu'ils veulent? On sait qu'en Angleterre la salle de lecture du *British Muséum* n'est ouverte qu'aux personnes munies d'une carte d'admission, et, pour obtenir cette carte, il faut produire une recommandation respectable. Quelques-uns voudraient introduire chez nous un régime semblable, surtout à la Bibliothèque impériale, qui, à leur sentiment, devrait être une espèce de sanctuaire des lettres et des sciences, accessible seulement à leurs initiés.

On répond, d'un autre côté, qu'il est bien difficile de changer les habitudes d'un pays, et que même il serait fâcheux de perdre volontairement la renommée de libéralité, si justement acquise à tous nos établissements publics. D'ailleurs l'égalité est de droit en France, et une institution entretenue par l'État doit être ouverte à tout le monde. Doit-on exclure de nos

[1] L'un veut *le Roland furieux d'Aristote*; un autre, *l'Annulaire de la Noblesse*; un troisième, *les Milles de Jean Jac*; un autre, une *table d'abréviation pour parler au sour-et-muet*; un autre, *l'Armorial, province de Paris pour voir la description d'un membre de la Cour des comptes*, etc.

riches collections un étranger, peut-être un savant estimable, parce que, nouveau venu à Paris, il n'a personne pour le recommander? Obligera-t-on l'auteur, qui a besoin de consulter un ouvrage pour un travail pressant, d'attendre plusieurs jours pour se mettre en règle? Sans doute, on peut regretter que tant d'oisifs apportent leur impertinente curiosité dans un lieu destiné à l'étude, mais enfin les plus ignorants y apprennent quelque chose, et c'est déjà un bienfait. Il serait injuste de refuser au pauvre les moyens de s'instruire. Enfin, on fait remarquer que les vols et les mutilations de livres ne sont pas le fait des visiteurs les plus ignorants. En général, on les attribue à une classe infime de gens de lettres, qui, secrétaires de littérateurs connus, ou temporairement employés par eux, ne manqueraient peut-être pas de recommandations pour obtenir des cartes d'entrée.

Après mûre délibération, la majorité de la commission, persuadée que la publicité de la Bibliothèque était une espèce de droit acquis, n'a pas été d'avis qu'il fût retiré. Elle a cherché à remédier en partie aux abus qu'on a signalés, en adoptant les dispositions suivantes. Deux salles seraient préparées pour les lecteurs : l'une absolument publique, l'autre pour les personnes dûment autorisées. Dans la première, on réunirait un certain nombre de livres classiques, soit 25,000 volumes. On ne placerait là aucune édition rare, aucune reliure précieuse. On formerait une bibliothèque usuelle et instructive, utile à tous, depuis l'homme de lettres, jusqu'à l'ouvrier curieux de connaître la théorie de son métier. Un catalogue de ces 25,000 volumes serait facilement dressé, et en fort peu de temps; car, destiné à l'usage habituel des visiteurs, il suffirait qu'il contînt une indication sommaire de chaque ouvrage, comme on fait pour les catalogues de vente dans le commerce de la librairie. Quelques exemplaires autographiés, ou même imprimés, de ce catalogue seraient mis à la disposition des lecteurs, qui y feraient eux-mêmes leurs recherches, ou leurs choix, s'ils venaient par pur désœuvrement. Les livres rangés dans la salle même de lecture pourraient être distribués très-rapidement et par des hommes de service; car il serait bien entendu qu'on ne communiquerait que les ouvrages inscrits au catalogue.

Aujourd'hui, dans la Bibliothèque impériale, on distingue deux sortes de livres, ceux d'usage commun et ceux de la *réserve*. Ces derniers ne sont communiqués que sous certaines conditions. Relativement au reste de la collection, les livres de la *réserve* sont en très-petit nombre; et comme les livres d'usage commun sont placés dans toutes les galeries de la Bibliothèque, le service des employés à la salle de lecture est très-pénible pour eux et très-lent pour les lecteurs. Dans le parti que nous proposons, la bibliothèque affectée spécialement à la salle de lecture, étant séparée du reste de la collection, n'exigera qu'un surveillant et quelques hommes de service.

Pour le fonds principal de la Bibliothèque, nous voudrions qu'il fût accessible seulement aux personnes qui justifieraient d'un but de travail sérieux. Pour elles, nous croyons qu'on pourrait supprimer l'ancienne distinction entre les livres communicables et les *réservés*. La seule exception qui pourrait être maintenue serait pour quelques raretés extraordinaires, dont il appartiendrait au conservateur d'accorder ou de refuser la communication.

Le département des imprimés reçoit maintenant environ 250 visiteurs par jour. Probablement ce nombre s'augmenterait, s'il y avait deux salles de lecture. La salle publique devrait être disposée pour 200 personnes, ce qui suppose 400 visiteurs par jour, les lecteurs se succédant les uns aux autres pendant les heures de séance. La seconde salle, celle des travailleurs autorisés, n'aurait besoin que de 100 places.

On verrait avec plaisir que cette salle se trouvât à portée, non-seulement du principal dépôt des imprimés, mais encore de la collection des cartes et plans et du cabinet des manuscrits, afin qu'on y pût communiquer à la fois des objets appartenant aux trois départements. C'est une faculté précieuse dont on jouit dans quelques bibliothèques étrangères, et l'on sent les avantages qui résultent, pour l'étude, d'une telle disposition. Qu'il s'agisse, par exemple, de rectifier une carte d'après une relation, on ne peut aujourd'hui examiner à la fois le livre et la carte, si cette dernière n'est pas reliée avec le volume. Même difficulté, s'il faut comparer un texte imprimé avec un manuscrit. A l'égard des médailles, les conditions de communication sont nécessairement toutes particulières, et nous ne croyons pas qu'elles puissent être modifiées.

VI.

PRÊT AU DEHORS.

La Bibliothèque impériale prête au dehors des livres et même des manuscrits. Nous avons entendu élever des réclamations contre cet usage très

ancien, qui paraît avoir donné lieu à des abus. Le prêt, dit-on, expose les
livres à des chances de perte et de détérioration. Dès qu'un ouvrage peut
sortir de la Bibliothèque, on n'est jamais sûr qu'il y rentrera lorsqu'on en
aura besoin. Les livres qu'on prête sont presque toujours ceux qui auraient
le plus grand nombre de lecteurs, et lorsqu'un privilégié emprunte un volume qui traite d'une question sur laquelle est appelée l'attention publique,
il prive vingt personnes studieuses du moyen de s'instruire à cet égard. Le
prêt gêne, en outre, les travaux du catalogue; parfois, il peut favoriser la
paresse d'un employé qui, pour se dispenser de faire des recherches, répon-
dra que l'ouvrage demandé est prêté au dehors. Dans la bibliothèque du
British Museum, le prêt est absolument interdit, et le directeur même,
logé dans les bâtiments du Muséum, ne pourrait emporter un volume hors
de l'établissement. Lors de l'enquête du parlement en 1849, beaucoup de
gens de lettres ont réclamé contre cette mesure qui les prive de la faculté
de travailler, lorsque leurs loisirs ne correspondent pas aux heures d'ou-
verture de la bibliothèque. Cependant l'interdiction du prêt a été maintenue; mais en revanche, la nouvelle salle de lecture a été disposée d'une
manière si comfortable, les travailleurs y sont si parfaitement à leur aise,
que bien peu de gens de lettres pourraient être aussi commodément ins-
tallés dans leur cabinet. C'est ainsi qu'une exigence entraîne une autre
exigence; et l'on se demande si, dans l'intérêt d'une classe nombreuse de
personnes vouées à l'étude, mais ne pouvant se déplacer facilement, il ne
vaudrait pas mieux autoriser le prêt sous des garanties suffisantes?

Si l'on exige, avec sévérité, le remplacement des ouvrages perdus ou dé-
tériorés, les abus dont on se plaint ne se renouvelleront pas. On nous assure
même qu'ils ont presque entièrement disparu, depuis qu'on a organisé un
service spécial pour l'enregistrement des livres prêtés. Aujourd'hui, ce service fonctionne avec beaucoup de régularité, et les seules observations auxquelles il puisse donner lieu, c'est peut-être un peu trop de facilité pour le
prêt *au dedans,* c'est-à-dire aux fonctionnaires de la Bibliothèque même.
Sans doute, il suffira de leur rappeler qu'il leur appartient de donner
l'exemple du respect dû aux règlements. La majorité de la commission est persuadée que l'usage du prêt peut être maintenu sous des garanties suffisantes,
c'est à savoir avec l'autorisation du ministre ou celle du directeur, et sous
la responsabilité personnelle de ce fonctionnaire, qui, dans tous les cas, devra

tenir la main à ce que les ouvrages rentrent exactement à la Bibliothèque après un délai déterminé.

VII.

HEURES DE TRAVAIL.

D'après un usage ancien, consacré par le règlement du 30 septembre 1839, la Bibliothèque est ouverte, les jours non fériés, de dix heures à trois, en toute saison. Plusieurs des visiteurs habituels de la salle de lecture trouvent les heures de travail insuffisantes. Ils font remarquer qu'au *British Museum* la bibliothèque est ouverte, en été, de neuf heures du matin à six heures du soir, et en hiver, de neuf à quatre heures. Sans chercher à fixer une limite précise pour le temps des séances, nous pensons qu'il y aurait avantage pour l'étude à prolonger leur durée d'une heure au moins.

VIII.

ACQUISITIONS.

Convaincus que les dépenses de l'État, qui ont une utilité réelle pour le public, ne sont jamais regrettables, nous n'avons pas hésité, Monsieur le Ministre, à vous proposer d'élever les traitements des fonctionnaires et même d'augmenter le personnel de la Bibliothèque impériale Mais il y a d'autres dépenses non moins nécessaires, et que nous regardons comme un devoir de réclamer. Depuis plusieurs années, un certain nombre d'employés sont payés sur le fonds, déjà notoirement insuffisant, destiné aux acquisitions. Une autre partie du même crédit est absorbée par des dépenses pour le matériel, justifiables sans doute, imprévues apparemment, qui réduisent de plus d'un quart la somme qui doit servir à entretenir et compléter les différentes collections. Depuis 1839 jusqu'à 1850, le crédit annuel, ouvert à la Bibliothèque pour les acquisitions et la reliure, s'est élevé à 177,000 francs. En 1850, il n'était plus que de 102,000 francs. Aujourd'hui, par suite des distractions faites au profit du personnel et du matériel, il s'est abaissé au chiffre de 73,202 francs, à répartir entre tous les départements actuels. Le département des imprimés n'a que 3o,932 francs : encore faut-il en défalquer, d'abord 13,ooo francs pour l'atelier intérieur de cartonnage, puis 4,3oo francs pour abonnements à des recueils périodiques étrangers. Reste 11,632 francs. Le cabinet des manuscrits a 12,73o francs, celui des cartes et plans 2,200. Le cabinet des médailles, un peu moins maltraité que les autres, ne dispose pourtant que de 14,7oo francs.

Un pareil budget n'est-il pas dérisoire à une époque où les prix des livres, des manuscrits et des médailles ont plus que doublé, si on les compare à la valeur de ces mêmes objets, à l'époque où l'on a fixé la dotation de la Bibliothèque impériale? Aussi qu'arrive-t-il? Les particuliers et les musées étrangers enlèvent dans les ventes tous les objets vraiment importants, et la Bibliothèque impériale ne peut prétendre qu'à ceux que veulent bien lui abandonner les bibliothèques de Londres, de Berlin ou des États-Unis. Il y a peu d'années, on a vu la carte originale manuscrite dressée par le pilote de Christophe Colomb sortir de France, achetée par le cabinet de Madrid, à un prix qui n'avait cependant rien d'exagéré. Peut-être dira-t-on que la Bibliothèque est assez riche pour ne pas trop regretter quelques raretés qui lui échappent. Mais, au moins, devrait-elle se tenir au courant de la science moderne, en ajoutant à ses collections les publications étrangères d'une importance reconnue. Il n'en est rien, et les ouvrages les plus justement renommés ne se trouvent pas toujours dans notre Bibliothèque, qu'on appelle encore quelquefois, par une vieille habitude, *le dépôt de tous les trésors de l'intelligence humaine.*

Nous regrettons d'avoir à dire, en ce qui concerne le dépôt des imprimés, que, dans notre opinion, la somme si faible réservée aux acquisitions ne reçoit peut-être pas l'emploi le plus utile. Il nous a semblé que le conservatoire s'en rapporte un peu trop aux libraires, pour l'achat des livres étrangers. Nous avons déjà sollicité la création d'un emploi qui pût éclairer les choix de l'administration; mais, avant tout, il faut un budget pour y pourvoir. Le *British Museum,* outre des subventions extraordinaires très-fréquemment accordées, reçoit pour ses acquisitions une subvention annuelle de 250,ooo francs. Nous estimons, en tenant compte des lacunes à remplir et d'un arriéré très-considérable, que les quatre départements de la Bibliothèque impériale devraient se partager un crédit annuel de 15o,ooo francs.

5

IX.

RELIURE.

Nous ajouterons un mot au sujet de la reliure. C'est un art français. Porté chez nous, dès son début, à une rare perfection, il tomba en complète décadence vers la fin du siècle dernier, pour se relever de nos jours et prendre une place distinguée parmi les arts industriels. Nos reliures de luxe obtiennent sans conteste le premier rang dans toutes les bibliothèques de l'Europe; mais, pour les reliures ordinaires, pour tout ce qui n'exige pas le goût et la main d'un artiste, les ouvriers anglais ont sur les nôtres l'avantage de travailler à meilleur compte et peut-être avec plus de solidité. Il serait à souhaiter que la Bibliothèque impériale, qui doit proportionner ses reliures à la valeur des livres, offrît à nos ouvriers un travail régulier et de quelque importance; ce serait pour ce genre d'industrie un encouragement considérable et probablement une occasion de perfectionnement. Nous voudrions donc qu'une plus grande extension fût donnée aux travaux de reliure. — Un atelier de cartonnage pour les pièces détachées et les livres de peu de valeur est établi dans l'intérieur même de la Bibliothèque impériale. C'est une mesure utile, et les travaux qui s'y exécutent nous ont paru satisfaisants et très-supérieurs aux cartonnages du commerce.

X.

CATALOGUE DES IMPRIMÉS.

Nous allons aborder la question la plus difficile de toutes celles qui se rattachent à l'organisation de la Bibliothèque, c'est à savoir son rangement matériel et son catalogue. Il est inutile de rappeler ici la situation ancienne, les causes qui ont retardé le classement, les différents systèmes qui se sont produits et qu'on a essayés. Tout cela est exposé de la manière la plus lumineuse dans le rapport fait au ministre de l'instruction publique par M. le comte Beugnot, en 1851. Déjà, deux ans auparavant, les mêmes questions avaient été agitées en Angleterre, devant la Chambre des communes, et l'enquête qui en est résultée, et qui a été publiée en 1850[1], remplit un in-

---

[1] Report of the Commissioners appointed to enquire into the constitution and government of the British Museum, with minutes of evidence. London. 1850.

folio de 823 pages, fort peu connu en France, à ce qu'il paraît. Les conclusions adoptées dans les deux pays sont diamétralement opposées. En France, on a résolu la rédaction d'un catalogue par ordre de matières ; en Angleterre, on a préféré l'ordre alphabétique. Votre prédécesseur a ordonné l'impression du catalogue, dès qu'une des sections serait préparée ; la commission anglaise n'a pas voulu que l'impression du catalogue déjà commencée fût continuée. En présence d'opinions si contradictoires, nous ne prétendons pas nous établir juges du mérite des deux systèmes ; mais nous ne pouvons nous empêcher de remarquer d'un côté, une aspiration vers la perfection, qui ne tient compte ni du temps ni des difficultés ; de l'autre, un esprit pratique qui saisit avec empressement les moyens les plus prompts d'arriver à un résultat utile.

L'ordre alphabétique n'exige, pour la levée et le classement des cartes, que l'intelligence d'un copiste sachant par cœur quelques règles d'application facile. L'ordre méthodique a besoin du savoir d'un bibliographe. Nous ne déciderons pas quel système est préférable pour ceux qui ont à consulter un catalogue, mais il nous paraît prouvé, par les témoignages que nous avons recueillis, qu'un seul système est insuffisant ; qu'il faut des tables d'auteurs à un catalogue par ordre de matières, et des indices de matières à un catalogue alphabétique. On pourrait en conclure que les deux méthodes ne devant jamais être exclusivement suivies, on attache peut-être trop d'importance à commencer par l'une plutôt que par l'autre. En France et dans la Bibliothèque impériale, les plus anciens catalogues ont été conçus dans l'ordre méthodique, et tous les travaux entrepris successivement pour les compléter, l'ont été dans le même système. Aujourd'hui, ces travaux forment une masse de documents très-considérable dont il est impossible de ne pas tenir compte, et fût-il avéré que le système alphabétique est préférable, nous ne croirions pas qu'on dût l'adopter *maintenant*. Lorsqu'on va toucher au but après avoir parcouru la voie la plus longue, il serait insensé de retourner en arrière pour prendre la plus courte.

Il fut décidé en 1851, comme nous le rappelions tout à l'heure, que l'impression du catalogue commencerait aussitôt que le classement *d'une des sections* aurait été terminé. Trois de ces sections, *ou lettres*, étaient annoncées alors comme préparées : c'était L. *Histoire de France*, N. *Histoire d'Angleterre*, T. *Médecine*. Au premier abord, il pouvait paraître étrange qu'on procédât à l'impression d'une partie du catalogue, lorsque les autres parties n'étaient pas terminées, lorsqu'elles n'étaient même qu'imparfaitement classées; mais ici, il est nécessaire de rappeler les circonstances qui ont décidé et jusqu'à un certain point justifié cette mesure. La rédaction du catalogue, promise dans un délai déterminé, s'était trouvée, non-seulement inachevée, mais beaucoup moins avancée qu'on ne l'avait garanti. Les plaintes redoublaient. Il devenait urgent de donner au public une preuve matérielle que ce travail, si impatiemment attendu, marchait régulièrement; qu'il était possible, ce dont on commençait à douter; enfin que le calcul de temps et d'argent, présenté à l'appui d'une demande de subvention, pouvait être admis comme exact. On eut peut-être le tort d'affirmer que l'impression était le seul moyen sûr de fixer le classement des cartes déjà levées, et surtout de publier que le catalogue imprimé « *serait le plus riche et le plus utile qui eût paru, et qu'il offrirait un secours indispensable pour quiconque voudrait connaître l'histoire et l'état actuel de la science, sur quelque branche que ce soit des connaissances humaines.* » N'y avait-il pas un peu de témérité à s'exprimer ainsi, lorsque, faute de ressources, la Bibliothèque était obligée de restreindre considérablement ses acquisitions et même de discontinuer ses abonnements à des recueils périodiques étrangers? Quant au classement des cartes, nous ne ferons pas aux habiles fonctionnaires de la Bibliothèque impériale le tort de croire qu'ils ne parviendraient à faire ce classement que par le moyen de l'impression; mais nous répéterons, qu'au moment où cette décision fut prise, il fallait prouver à tous qu'on travaillait au catalogue, et la publication des premiers volumes devait convaincre les plus incrédules.

La lettre L fut choisie très-judicieusement pour commencer l'impression. Non-seulement un catalogue de tous les livres si nombreux relatifs à l'histoire de France était un ouvrage excellent en lui-même, mais l'application du système méthodique y était moins difficile que dans une autre section. Restait, à la vérité, l'inconvénient de publier une *lettre isolée* avant l'achèvement du catalogue général. Il y avait à craindre l'espèce d'entraînement qui fait tout rapporter à la matière dont on s'occupe, le danger des omissions, celui d'un classement improvisé, et qui, adopté pour un but particulier, se trouverait peut-être en désaccord avec une méthode plus générale, si l'expérience en faisait découvrir une. N'était-il pas plus logique de commencer par fixer le classement méthodique du catalogue général, avant de s'occuper du classement d'une de ses sections? On a suivi une marche opposée, et l'on a commencé par un classement particulier. On a même négligé les précautions si naturelles qu'avait suggérées M. le comte Beugnot. Il demandait d'abord des règles fixes et mûrement méditées; puis « qu'on soumît le projet de classification au ministre de l'instruction pu- « blique, qui, avant de l'approuver, prendrait l'avis de celle des académies « de l'Institut dans le cercle des travaux de laquelle se trouverait placée « chaque matière. » Aujourd'hui, cependant, la division de la Bibliothèque par *lettres* est encore la même que celle qui fut adoptée au commencement du xviiie siècle, et il suffit d'y jeter les yeux pour reconnaître combien elle est peu en harmonie avec l'état actuel de la science[1].

Quoi qu'il en soit, quatre volumes du catalogue de l'histoire de France, L, et un de la médecine, T, ont paru aux époques annoncées, bien que les ressources demandées et jugées nécessaires par la commission de 1851 aient, en partie, fait défaut et pour l'argent et pour le personnel. Ce travail poursuivi malgré tant de désavantages nous a paru cependant digne d'éloges; il fait le plus grand honneur à M. l'administrateur qui l'a préparé et dirigé, ainsi qu'au bureau qui l'a exécuté sous ses ordres. Cependant, si l'on eût appliqué au reste de la Bibliothèque les ressources qu'ont dû ab- sorber les cinq volumes imprimés, ne serait-on pas arrivé à un résultat pré- férable, c'est-à-dire la préparation d'un plus grand nombre d'articles du ca- talogue général? Ce qu'on demande depuis si longtemps, et ce qui est si nécessaire, n'est-ce pas un inventaire des richesses littéraires contenues dans la Bibliothèque? Ne faut-il pas regretter le temps et l'argent dépensés à autre chose qu'à produire cet inventaire aussi promptement que possible? Nous avons entendu blâmer les auteurs du catalogue de la lettre L, pour avoir multiplié les renvois qui, en effet, montent à un peu plus du cinquième des articles inscrits. Pour nous, ces renvois qui, après tout, faciliteront les re-

[1] Par exemple, cinq lettres sont attribuées à la théologie, A, B, C, D, D², tandis que les sciences naturelles n'en ont qu'une. Il semble qu'aujourd'hui on dût adopter une méthode in- verse. Dans la classification actuelle qui n'est que provisoire, comme nous l'espérons, l'Océanie se trouve comprise dans l'histoire de l'Espagne (O), qui n'a pas un pouce de terre dans cette partie du monde. Les traductions du Coran sont annexées à l'histoire byzantine, lettre J, sans doute parce que le Coran est le livre de prières des sultans turcs, successeurs des empereurs grecs de Byzance. On se demande si l'Académie des Inscriptions, ou toute autre classe de l'Institut, ne trouverait pas à redire à cet ordre, soi-disant méthodique.

cherches, ne sont à regretter qu'au point de vue du temps et de la dépense qu'ils ont coûtés et qui auraient pu recevoir un emploi plus utile. En effet, il nous semble que la question se réduit à ceci : Vaut-il mieux avoir un travail bibliographique achevé, ou bien un catalogue général? Nous répondrons: — Un catalogue général. — Un catalogue général manuscrit est infiniment préférable pour nous à une portion de catalogue imprimée; et, pour ne parler que de ce qui concerne l'histoire de France, nous croyons qu'il eût beaucoup mieux valu se borner à un travail manuscrit, quitte plus tard à en imprimer un extrait beaucoup plus court et non moins intéressant que ne le sera le catalogue imprimé de la lettre L, s'il s'achève sur le plan des premiers volumes. Sans doute, l'extrait dont nous parlons ne perdrait rien de son mérite, au point de vue historique, à la suppression de maintes inutilités, odes, cantates, sonnets à l'occasion d'événements officiels, etc. Tout ce fatras a dû trouver place dans le catalogue de la lettre L, et cependant devrait être porté encore une fois dans le catalogue de la poésie.

Il faut le répéter : si l'on considère ce qui a paru du catalogue imprimé comme une *œuvre bibliographique*, elle ne mérite que des éloges pour le soin et l'exactitude qui ont présidé à sa rédaction. Si on la considère comme l'essai d'un moyen pour arriver à la possession d'un catalogue général, nous dirons hautement que ce moyen est long, coûteux, et que nous doutons même de la possibilité de l'appliquer à toutes les sections.

Nous vous demanderons la permission, Monsieur le Ministre, d'entrer dans quelques détails sur la manière dont on procède pour la rédaction du catalogue de la lettre destinée à l'impression. Nous ne craindrons pas d'être minutieux, car il n'y a pas de petite cause qui n'ait des effets considérables, lorsqu'il s'agit d'un travail immense. Depuis 1831, les livres du fonds *non porté* ont été soumis à un examen préalable, et ont reçu un premier classement, le *rondage*. On appelle ainsi une opération qui consiste à reconnaître la matière dont ils traitent et à les marquer d'une lettre indiquant cette matière. Tous les livres relatifs à l'histoire de France ont été marqués de la lettre L, et les cartes de ces livres ont été levées ou le seront. Mais, comme dans les autres sections ou du moins dans un certain nombre, il peut se rencontrer des ouvrages ayant aussi trait à l'histoire de France, on passe en revue les autres lettres, et, lorsqu'on y trouve un livre qui paraît être dans ce cas, on en lève la carte et on le porte dans la lettre L, ou bien on le conserve dans la section où on l'a reconnu, mais en l'inscrivant dans la lettre L, *par renvoi*. Rigoureusement parlant, l'alphabet bibliographique de la Bibliothèque impériale étant de 27 lettres, on devrait procéder, pour le catalogue de chacune d'elles, à la révision des 26 autres.

Cette méthode un peu compliquée a, nous assure-t-on, ses avantages : d'abord des vérifications répétées; puis elle fournit l'*occasion* d'entamer les autres lettres et de diminuer d'autant le travail dont chacune d'elles doit être l'objet à son tour. Nous avouerons que ces avantages nous paraissent assez faibles, au prix du temps qu'ils coûtent, des allées et venues qu'ils exigent, et des erreurs qui peuvent en résulter, car tout déplacement de livres peut en occasionner.

Nous n'approuvons pas davantage le procédé matériel suivi pour la levée des cartes. Les livres sont apportés des armoires qui les renferment au local où travaillent les cartographes. Après avoir été décrits, inscrits, vérifiés, ils sont rapportés et remis en place. Il serait préférable, à notre avis, que les cartographes travaillassent devant les tablettes mêmes qui portent les livres; car, en principe, un volume ne devrait être déplacé que pour le service public. En effet, le transport, qui s'effectue par des hommes de peine chargés de grandes et lourdes mannes, peut être la cause d'une foule d'erreurs, sans parler du danger que courent les reliures précieuses dans le trajet souvent assez long jusqu'au bureau du catalogue. Nous ne pouvons trop recommander à l'administration de la Bibliothèque impériale de réformer au plus tôt ce système; car nous ne tenons aucun compte d'une observation qu'on nous a faite, c'est à savoir que les livres s'aèrent et s'assainissent dans ces voyages. On peut consulter tous les amateurs, et leur demander s'ils consentiraient à exposer leurs collections à de pareils hasards.

Aux critiques que nous avons dû enregistrer, on fait une réponse que nous avons trouvée plausible, lorsqu'il s'est agi de la continuation de l'ordre méthodique pour la rédaction du catalogue général. On nous dit que la moitié environ de la lettre L est imprimée, et que, si l'on changeait de système à présent, on perdrait le fruit d'un long et remarquable travail, utile en lui-même, bien qu'on puisse peut-être lui reprocher de n'avoir pas été fait à son temps. Nous serions les premiers, Monsieur le Ministre, à réclamer la continuation de l'impression des lettres L et T, fût-elle moins avancée, mais aussi nous vous proposerons de ne pas pousser plus loin l'expérience. Quant aux autres lettres, qu'on se contente de l'inscription des cartes sur registres. Pour cette opération, on pourrait emprunter utilement les procédés matériels employés dans le *British Museum*, pour lever des bulletins à quatre ou six exemplaires à la fois, pour les fixer dans des registres et les déplacer, le tout avec une merveilleuse rapidité. Nous sommes heureux d'ailleurs de vous annoncer que M. l'administrateur général nous a paru partager lui-même notre opinion au sujet de la limite à laquelle l'impression doit s'arrêter, et, qu'à son avis, la lettre N, histoire d'Angleterre, bien que déjà préparée, ne doit pas être imprimée, attendu l'état incomplet de cette section.

Nous nous sommes fait une loi d'écarter de nos propositions tout projet qui rendrait inutiles des travaux déjà avancés, et qui obligerait à recommencer une œuvre souvent comparée à la toile de Pénélope. Toutefois, lorsqu'il en est temps encore, nous devons protester contre un système dont les inconvénients nous frappent, et faire nos efforts pour lui substituer un autre système, consacré par l'expérience, et qui, sans revenir sur le passé, présenterait de grands avantages pour l'avenir.

Le rangement des livres dans la Bibliothèque impériale a lieu aujourd'hui par voie d'*intercalation,* de manière à n'avoir qu'un seul fonds, c'est-à-dire que, supposé que toute la collection fût en ordre, les livres nouveaux qui y entreront seront mis à la place qu'ils doivent occuper dans l'ordre de la matière dont ils traitent. Vienne une 100ᵉ édition des *Fables de Lafontaine,* elle sera placée dans la section de poésie, après la 99ᵉ édition du fabuliste, sauf les différences de format, devant lesquelles l'ordre méthodique cesse d'être rigoureusement appliqué. De là, la nécessité de marquer les livres nouveaux d'un sous-chiffre, ou plutôt d'une lettre posée sous le chiffre, puisqu'ils prennent place dans une série déjà numérotée. Mais, par suite du progrès incessant des sciences, l'ordre méthodique est sujet à bien des variations, et il suffit d'une découverte nouvelle, ou simplement d'une question agitée dans le public, pour faire surgir une grande quantité de livres nouveaux et nécessiter de nombreuses intercalations, non-seulement de volumes, mais de sous-divisions tout entières, c'est-à-dire, en d'autres termes, des déplacements matériels très-considérables. Outre la confusion qui peut résulter des erreurs commises par des subalternes, on ne peut, dans le système de l'intercalation, tirer parti de la mémoire locale des employés, qui, au dire de tous les bibliothécaires, est une des qualités les plus précieuses pour le service public. Dans l'enquête faite par le parlement, en 1849, les témoignages les plus formels et les plus autorisés ont convaincu les commissaires qu'avec l'intercalation il était impossible de garantir un ordre durable. Nous partageons cette opinion, et nous vous prions de décider en principe l'*immobilisation* des matières dans les salles de dépôt et, pour chaque matière, la réunion des trois formats dans les mêmes locaux. Nous voudrions qu'à partir d'une époque déterminée, soit le 1er janvier 1859, la Bibliothèque impériale fût divisée en trois fonds : *le premier* comprenant tous les ouvrages qu'elle possède à cette date (moins ceux dont il sera fait mention tout à l'heure); *le second* comprenant les ouvrages qui entreront depuis la même époque, soit par acquisition, soit par suite du dépôt légal. Dans *le troisième fonds* serait placée la masse énorme et encombrante des doubles et des inutilités versées par le dépôt légal, livres ou pièces qu'il faut bien recevoir, mais qu'on ne consulte jamais, qui tiennent une place considérable dans les sections et rendent le service lent et difficile. Il est bien entendu, d'ailleurs, que les trois fonds continueront à être régis par la même administration et inscrits au même catalogue.

A notre sentiment, cette division, qui rendrait le travail des employés beaucoup moins pénible, mettrait le public plus tôt à même de jouir de la partie la plus importante de la Bibliothèque, c'est-à-dire de l'ancien fonds. On en poursuivrait le catalogue par cartes et sur registres, lettre par lettre, et devant les armoires mêmes. Le nouveau fonds, n° 2, serait en même temps tenu à jour, au fur et à mesure des entrées, lesquelles seraient marquées, comme les livres de l'ancien fonds, de leurs lettres et de leurs chiffres, mais disposées seulement dans un local distinct. Plus tard, sans doute, il faudra procéder à la fusion des deux fonds en un seul, mais cette opération viendrait à son heure et ne compliquerait pas le travail déjà si pénible et si long du catalogue général.

Nous l'avons remarqué : pour vouloir trop bien faire tout d'abord, on allonge prodigieusement le travail, et, sous prétexte de donner au monde savant un catalogue modèle, on n'a pas encore un inventaire pour le service des employés et des lecteurs, pour la garantie d'une propriété de l'État. M. le comte Beugnot n'était pas éloigné de croire, en janvier 1851, qu'avec le système de l'immobilisation on aurait pu avoir en quatre ans, et avec une dépense de 150,000 francs, tous les catalogues nécessaires au service de la Bibliothèque; encore, supposait-il qu'ils seraient imprimés en placards[1]. Il ajoutait, il est vrai, que l'ouvrage ainsi exécuté ne serait « *qu'un simple catalogue à l'usage des employés et des lecteurs,* » tandis que le catalogue imprimé, tel qu'on vient de l'essayer, « *serait le recueil bibliographique le plus riche et le plus utile qui ait jamais été composé.* » Mais, pourquoi composer un *recueil bibliographique,* quand on n'a pas même un inventaire, quand la Bibliothèque a fait tant de pertes déplorables, faute d'un *simple catalogue,* qui eût fait connaître ses richesses aux employés et aux lecteurs? Plus d'une fois, pendant le cours de notre enquête, M. l'administrateur et les conservateurs nous ont entretenus des nombreuses soustractions, anciennement faites, d'imprimés, et surtout de manuscrits, soustractions dont il ne reste que des preuves morales, insuffisantes, dans quelques cas, pour que l'État puisse réclamer sa propriété. Tel carton du cabinet des manuscrits n'a plus que les enveloppes des pièces qu'il renfermait. Quelles étaient ces pièces? On n'en sait rien.

Tout le monde a vu des livres provenant de la Bibliothèque impériale, dans des collections étrangères, chez des amateurs ou chez des libraires. Il y a quelques années, il n'y avait guère de vente publique où il n'en parût, et en grand nombre. On en rencontrait jusque sur les étalages des quais. A une époque déjà éloignée, il paraît que la Bibliothèque a vendu une certaine quantité de doubles, et peut-être sans toutes les précautions nécessaires pour marquer que la vente avait lieu par suite d'une mesure administrative. Bien que probablement le nombre des livres volés soit beaucoup plus considérable que celui des livres vendus régulièrement, il est souvent très-difficile de distinguer aujourd'hui ce qui a été acheté de bonne foi de ce qui a été dérobé. Pour éviter les soustractions à l'avenir, et pour faciliter les recherches, la commission croit qu'il serait utile, en levant la carte d'un livre, de le frapper d'une estampille indiquant l'année où il a été classé. Ainsi, il deviendrait impossible d'acheter comme un livre anciennement vendu par la Bibliothèque un volume portant l'estampille de 1858.

Nous vous supplions, Monsieur le Ministre, de presser l'exécution du catalogue général, sur le plan que nous venons d'indiquer, en rappelant à l'administration de la Bibliothèque qu'en pareille matière le grand point

---

[1] Le système d'autographie donnant quatre ou même six copies à la fois du même bulletin serait infiniment plus sûr et plus économique.

c'est d'arriver vite au but, et qu'il vaut mieux perfectionner un premier travail, par une révision faite à loisir, que de faire attendre trop longtemps une
œuvre parfaite.

XI.

CATALOGUE DES MANUSCRITS.

Jusqu'à présent nous ne nous sommes occupés que du catalogue général
des imprimés. Celui des manuscrits est presque entièrement à faire; cependant, grâce à l'ordre introduit depuis quelques années, au zèle et à l'intelligence des employés, les recherches ne sont pas aussi difficiles dans ce département qu'on pourrait le supposer au premier abord. On possède des
catalogues particuliers de plusieurs des fonds qui composent le cabinet;
mais pour les refondre en un seul, ou plutôt pour les réunir en quatre grandes
divisions, selon les langues des différents manuscrits, il ne faudrait pas lever
moins de 5oo,ooo bulletins. Un pareil travail ne peut être que fort long;
car il exige des employés suffisamment expérimentés, et le plus actif ne par-
vient pas à livrer plus de 8oo cartes par an. En outre, aujourd'hui tout
le personnel est occupé au rangement des pièces, et à la révision des recueils
reliés, opération fort nécessaire; car dans les anciens catalogues on s'est
borné souvent à inscrire la première pièce de chaque volume. Sans employés auxiliaires, il est impossible de mener de front le rangement des
pièces et la levée des cartes. Il nous semble donc indispensable d'augmenter
le personnel du département. Nous devons encore appeler votre attention
sur la nature du service que font actuellement plusieurs employés du cabinet
des manuscrits, service qui conviendrait mieux à des hommes de peine. Ces
espèces de corvées auxquelles on les condamne ne leur permettent pas de
se livrer à des travaux de leur compétence beaucoup plus importants et dans
lesquels ils ne peuvent être facilement remplacés.

XII.

CATALOGUE DU DÉPÔT DES CARTES ET PLANS.

Le dépôt des cartes et plans n'a point de catalogue général sur registres,
mais tout y est inventorié, sur bulletins d'abord, avec une description dé-
taillée, ensuite, plus sommairement, sur feuilles mobiles. Les recherches

se font facilement et rapidement. De l'aveu des conservateurs de ce dépôt, le personnel actuel suffirait pour l'introduction d'un classement méthodique et l'inscription sur registres des bulletins rangés aujourd'hui alphabétiquement. On pourrait même, dès à présent, commencer ce travail, sauf à le faire précéder d'une révision qui ne serait ni longue ni difficile. M. Jomard, conservateur et créateur de ce cabinet, dont nous nous plaisons à reconnaître l'excellente direction, nous a exposé l'insuffisance de ses ressources pour compléter une collection qui cependant est déjà une des plus riches de l'Europe. Nous appuyons avec plaisir ses justes réclamations.

XIII.

CATALOGUE DU CABINET DES MÉDAILLES.

Il nous reste à dire quelques mots du cabinet des médailles. Depuis 1850, époque à laquelle M. le duc de Luynes, au nom d'une commission spéciale, demandait, pour l'exécution du catalogue de ce département, une augmentation de fonds et de personnel, le travail à faire a sensiblement diminué. Le catalogue des pierres gravées, celui de la collection consulaire et de la série orientale ont été faits par des employés du département ou par des amateurs. Le conservateur du cabinet s'engagerait à terminer le catalogue en cinq ans, si on lui accordait un supplément de crédit de 6,000 francs par an. Mais cette somme étant demandée pour cataloguer le cabinet *dans son état actuel*, devrait être notablement réduite si, conformément à notre proposition, on en retirait les antiques et les curiosités. D'un autre côté, il nous a semblé que les difficultés pour préparer un catalogue étaient moindres dans ce département qu'elles ne sont pour les autres. Les médailles acquises depuis 1830 sont régulièrement inscrites sur les registres d'entrée. La plupart des pièces existant antérieurement à cette date ont été décrites par M. Mionnet, ou bien elles sont accompagnées d'une carte indiquant le fonds d'où elles proviennent, fonds qui a été catalogué à son entrée. En réalité, le travail se réduit donc à des recherches assez faciles, et nous croyons qu'elles peuvent s'exécuter avec le personnel proposé par M. l'administrateur général, surtout si l'on prenait quelques mesures pour dispenser les employés d'un service de surveillance matérielle qui leur prend beaucoup de temps. Aujourd'hui, le cabinet des médailles ne se compose que d'une seule salle, où se tiennent les employés et les personnes auxquelles on communique des objets de la collection. Les mardis et les vendredis, jours où le public est admis, les employés ne peuvent ni communiquer des médailles, ni se livrer à aucune étude, toutes les armoires devant demeurer fermées. Voilà deux jours par semaine perdus pour le travail. Il serait facile, surtout après les travaux de reconstruction qui vont avoir lieu, de disposer dans une salle particulière le petit nombre d'objets offerts à la curiosité publique, et de réserver une autre salle aux employés et aux travailleurs, qui ne seraient ainsi jamais dérangés par les oisifs.

XIV.

DÉPÔT LÉGAL.

Nous revenons au département des imprimés pour vous entretenir des plaintes, malheureusement trop fondées, qui nous sont parvenues sur la manière dont s'exécute la loi concernant le dépôt légal, en ce qui touche les intérêts de la Bibliothèque.

Nous remarquerons d'abord, et non sans quelque surprise, que l'Imprimerie impériale est dispensée de l'obligation du dépôt; ainsi que les imprimeurs qui travaillent par ordre d'un ministre et pour son département, ou qui sont employés par le Sénat, le Corps législatif et le Conseil d'État. C'est-à-dire qu'on refuse à la première Bibliothèque de l'Empire la collection des lois et des règlements du pays. Sauf, peut-être, en ce qui concerne les impressions du Conseil d'État, nous imaginons difficilement un cas où le dépôt pourrait avoir quelque inconvénient. S'il s'en présentait, par exception, quoi de plus simple que de prendre une mesure spéciale et de prévenir l'imprimeur, en lui commandant un travail, qu'il ne doit pas le déposer? Hors ces cas exceptionnels, nous pensons que la Bibliothèque impériale doit recevoir un exemplaire de toutes les impressions. Aujourd'hui, il arrive qu'elle est obligée d'acheter des imprimés que le Gouvernement distribue à profusion. Cette anomalie étrange cessera, Monsieur le Ministre, dès que vous voudrez bien la signaler à vos collègues, ainsi qu'aux trois grands corps de l'État.

Quant aux ouvrages publiés par des particuliers, il s'en faut que la Bibliothèque impériale reçoive tous ceux qui s'impriment en France ou dans les colonies, ou qui sont déposés dans les chancelleries francaises, en vertu de traités internationaux. Probablement il faut faire la part de la négligence des intermédiaires auprès des préfets et des agents diplomatiques, mais nous avons cru remarquer que, parmi les faits qui nous ont été signalés, plusieurs ne pouvaient être attribués qu'à l'imperfection de la loi qui régit le dépôt légal.

Souvent les exemplaires remis à la Bibliothèque sont défectueux, maculés, à peu près inutiles. Les planches qu'on livre au commerce *en couleur* sont déposées *en noir*. Lorsqu'un ouvrage est accompagné de gravures tirées par un autre imprimeur que celui qui est chargé du texte, il arrive fréquemment que chacun fait son dépôt à part, à de longs intervalles, l'un au département des estampes, l'autre au département des imprimés, en sorte que ce n'est pas chose facile que de réunir le tout. Si les gravures appartenant à un livre dont le texte se publie en France s'impriment en pays étranger, et le cas se présente souvent aujourd'hui, les gravures ne sont pas déposées, et la Bibliothèque impériale ne reçoit qu'un exemplaire imparfait. Publie-t-on une édition nouvelle? Par une interprétation contestable de la loi, on ne remet au département des imprimés qu'une couverture et un titre, quelquefois des pages sans suite, si l'auteur a fait des changements à sa nouvelle édition.

Bien que nos possessions d'outre-mer soient régies par les lois relatives à la propriété littéraire, comme le reste de l'Empire, bien qu'on y imprime des journaux, des revues et des livres, la Bibliotèque impériale ne reçoit absolument rien de cette partie de l'Empire français. Lorsqu'on extrait d'un recueil périodique un mémoire ou un article, pour faire ce qu'on appelle un *tirage à part,* publication tirée à petit nombre, mais très-souvent corrigée, et différente à quelques égards de la première édition, on se borne à déposer la couverture imprimée, mais non le texte, qui aurait pu être utilement classé, selon la matière, dans une section autre que celle des périodiques, et aurait mérité un article à part dans le catalogue général. Pour tout dire, en un mot, la Bibliothèque impériale ne reçoit guère par le dépôt légal que les exemplaires dont les éditeurs n'auraient pu se défaire autrement.

Nous appelons de nos vœux une révision de la loi sur le dépôt légal. Nous n'avons point à nous occuper ici de la question au point de vue de la surveillance administrative de l'imprimerie, de la constatation et de la garantie d'une propriété littéraire; mais le dépôt légal peut encore être considéré comme un impôt payé à l'État, impôt assez léger et qui tourne au profit du public mis en possession de tout ouvrage nouveau publié en France. Il importe que cet impôt soit acquitté loyalement. Ce n'est point un exemplaire de rebut qui doit revenir à la Bibliothèque impériale; mais un exemplaire aussi bon que le meilleur de ceux qu'on livre au commerce. Quel que soit le nombre d'imprimeurs travaillant au même ouvrage, il serait à désirer que les dépôts partiels et successifs de cet ouvrage fussent remis aux mêmes mains et par l'entremise d'un même éditeur. A l'égard du dépôt international, si l'occasion se présentait de réviser les traités, il serait peut-être à propos d'y introduire une disposition uniforme pour régler le mode et le lieu du dépôt. Notre devoir, Monsieur le Ministre, est de signaler à Votre Excellence les abus qui existent aujourd'hui; nous ne doutons pas qu'elle n'avise aux mesures les plus propres à en prévenir le renouvellement.

XV.

COMMISSION DE SURVEILLANCE.

En Angleterre, les fondateurs du *British Museum* ont confié sa direction morale, si l'on peut s'exprimer ainsi, et à certains égards son administration, à une commission spéciale (*Trust*). La plupart des ministres d'État, les hauts dignitaires de l'Église et de la magistrature en font partie, ainsi que les hommes les plus éminents dans les lettres, les arts et les sciences. Elle surveille les progrès du Musée et le couvre d'une active protection, à laquelle il doit, en grande partie, sa remarquable prospérité.

Les membres de la commission du *British Museum,* à laquelle tous les partis sont fiers d'appartenir, exposent les besoins de l'établissement avec une autorité qui domine les passions politiques. Nous avons pensé qu'il serait peut-être utile d'instituer auprès de la Bibliothèque impériale une commission semblable, non pas assurément pour s'occuper de son administration, qui ne peut appartenir qu'à votre département, mais pour exercer une haute surveillance et faire prévaloir les améliorations que le temps et l'expérience pourraient suggérer. Quelques membres de la commission ont paru craindre que cette institution n'apportât des entraves à l'autorité de l'administrateur et ne compliquât inutilement la direction. La majorité a pensé que

cette commission, loin de gêner la marche de l'administration, pourrait lui
venir en aide, en étudiant ses besoins et en appréciant ses ressources; qu'elle
stimulerait le zèle des employés et préviendrait l'invasion de la routine; enfin,
qu'elle éclairerait le Gouvernement sur toutes les questions graves qui pourraient surgir. Nous soumettons respectueusement cette idée à votre appré-
ciation, Monsieur le Ministre; elle nous paraît susceptible de recevoir des
développements utiles, non-seulement pour les intérêts de la Bibliothèque
impériale, mais encore pour tous les établissements du même genre entretenus par l'État.

XVI.

RECONSTRUCTION ET AGRANDISSEMENT DE LA BIBLIOTHÈQUE IMPÉRIALE.

A l'égard de quelques-unes des propositions que nous avons l'honneur de
vous soumettre, il était nécessaire de consulter l'architecte de la Bibliothèque
impériale, pour s'assurer de la possibilité de les mettre à exécution sur l'emplacement disponible. Un programme a été rédigé par nous et communiqué
à M. Labrouste, avec prière de dresser un avant-projet dans lequel il se rendrait compte de l'espace occupé par les différents services et des moyens de
les installer, dans un rapport convenable, les uns avec les autres. M. Labrouste nous a remis deux projets, conçus dans deux systèmes différents,
mais remplissant l'un et l'autre les conditions essentielles du programme que
nous lui avions tracé.

Peu de mots suffiront pour expliquer ces deux systèmes. Dans le premier,
on s'est attaché à conserver la plus grande partie des bâtiments existants,
surtout la galerie du palais Mazarin, sur la rue de Richelieu, et la vaste
cour centrale, que les bibliophiles regardent comme très-utile pour l'aéra-
tion et la conservation des livres.

Les constructions nouvelles s'élèveraient sur l'emplacement des logements
naguère occupés par les conservateurs, et sur l'emplacement de la galerie
transversale sud, laquelle serait démolie [1]. Dans ce bâtiment nouveau, on
disposerait les deux salles de lecture, et l'on trouverait place pour
560,000 volumes, nombre probablement supérieur à celui qui composera

---

[1] Elle est aujourd'hui dans un état alarmant.

le fonds principal, n° 1. La grande galerie et le reste du palais recevraient les fonds n° 2 et n° 3, le cabinet des manuscrits, celui des médailles, celui des cartes et plans, enfin tous les autres services de la Bibliothèque.

Ce projet se recommande par deux avantages : l'économie et la conservation d'un monument remarquable. On peut objecter que le nouveau fonds, n° 2, et le dépôt des doubles, n° 3, seront un peu éloignés de la salle de lecture; mais on ne doit pas perdre de vue que les livres du dépôt ne seront consultés que dans des occasions excessivement rares, et que, pendant long-temps encore, les ouvrages composant le nouveau fonds pourront être placés dans la grande galerie, à proximité de l'ancien fonds.

Le second projet suppose la démolition et la reconstruction de tout le palais Mazarin. La grande galerie sur la rue de Richelieu serait remplacée par un bâtiment qui s'élèverait en retraite et se relierait avec la partie de l'édifice qui fait face à la rue Vivienne. Dans ce système, la cour serait notablement réduite, ou plutôt elle disparaîtrait. Les salles de lecture occuperaient le centre des bâtiments et se trouveraient ainsi à portée de toutes les collections. Il nous a paru que ce projet offrait des avantages sur le premier, au point de vue de la facilité du service et de la symétrie des dispositions. D'un autre côté, outre la dépense d'une reconstruction complète, il serait à craindre que les collections ne fussent pas suffisamment aérées par des cours fort étroites, bordées de bâtiments élevés. Si l'aspect de la Bibliothèque, du côté de la rue de Richelieu, devient plus monumental, il est à regretter qu'on abandonne un terrain précieux et qui pourrait être utile dans l'avenir.

Telles sont, Monsieur le Ministre, les observations générales que suggèrent ces deux systèmes. Quel que soit celui qui sera préféré, on peut, dès à présent, garantir qu'en étudiant et en développant l'un ou l'autre de ces avant-projets, un architecte aussi habile que M. Labrouste satisfera pleinement aux conditions principales de son programme.

Vous remarquerez, Monsieur le Ministre, que ni l'un ni l'autre de ces projets n'a prévu l'isolement de la Bibliothèque par l'acquisition des quatre maisons situées à l'angle de la rue Vivienne et de la rue de l'Arcade-Colbert. La dépense qu'entraînerait cette acquisition serait sans doute considérable, mais il ne s'agit pas seulement de donner un aspect grandiose à un des principaux monuments de la capitale, il faut encore en écarter une cause de destruction toujours menaçante. Il y a un mois à peine, un incendie s'est déclaré dans une de ces maisons. N'est-ce pas un avertissement qu'il importe de ne pas négliger? Les considérations d'économie nous semblent perdre beaucoup de leur force devant l'intérêt de la conservation d'un trésor tel que les collections de la Bibliothèque impériale. Nous nous bornerons, Monsieur le Ministre, à signaler cet état de choses à votre attention, et à faire des vœux pour qu'il ne se prolonge pas.

XVII.

AMÉLIORATIONS À INTRODUIRE DANS LES DÉTAILS.

M. Labrouste a étudié à Londres la construction si remarquable de la salle de lecture du *British Museum* et celle des nouveaux bâtiments qui en sont les dépendances. Nous sommes assurés que toutes les dispositions importantes et applicables à la Bibliothèque impériale seront heureusement reproduites ou perfectionnées par ses soins. Mais ce n'est pas seulement par son ingénieux système de construction que la bibliothèque anglaise mérite un examen approfondi. Ses moyens pratiques et perfectionnés, en usage pour tous les genres de service, nous paraissent non moins dignes de la plus sérieuse attention, et nous croyons que la plupart pourraient être utilement importés en France. Tout à l'heure; nous citions un procédé d'autographie à plusieurs épreuves inconnu chez nous, bien qu'il soit employé avec succès depuis plusieurs années pour les catalogues du *British Museum*. Le collage des bulletins dans les registres, la manière de les relier, les charriots et les grues pour le transport des livres, les tapis de liége et de gutta-percha (*Camptulican*) pour assourdir les pas des visiteurs, les tuyaux acoustiques pour communiquer aux salles les plus éloignées; cent autres détails qui diminuent le travail des employés ou qui contribuent au bien-être des lecteurs, tout cela vaut la peine d'être étudié de près par les fonctionnaires mêmes de la Bibliothèque impériale. Nous sommes persuadés qu'un voyage au *British Museum* leur donnerait des idées nouvelles et leur apprendrait tout le prix d'une savante méthode, suivie depuis les grandes choses jusqu'aux plus petites. Mais dans une immense machine, il n'y a pas de petit détail qui n'ait son importance; il n'a pas de perfectionnement, si minutieux qu'il soit, qui ne puisse produire des résultats considérables. Le savant M. Panizzi, à qui la bibliothèque du *British Museum* doit son excellente organisation, en modifiant la forme des crémaillères, a réduit les vides entre les tablettes au point de donner de la place à 60,000 nouveaux volumes.

XVIII.
RÉSUMÉ.

Résumons brièvement les modifications que nous venons de proposer :

1° La Bibliothèque impériale est un établissement essentiellement littéraire et scientifique : on en sépare le cabinet des estampes, collection du domaine des beaux-arts; on s'applique à définir et à fixer les attributions de chaque département; désormais, il ne conserveront plus d'objets étrangers à leur spécialité;

2° L'administration est remise à un chef unique, qui concentrera l'autorité, sous le titre de directeur;

Chaque département n'aura plus, à l'avenir, qu'un seul conservateur, et le nombre des employés qui y seront attachés sera proportionné à la nature et à l'importance des travaux;

3° Le traitement des fonctionnaires sera augmenté, mais leurs fonctions seront incompatibles avec l'exercice d'une autre place;

4° Il y aura deux salles de lecture : l'une, ouverte au public, avec une collection de livres classiques et usuels qui seule sera communiquée; l'autre, réservée pour les personnes qui justifieraient d'un but d'études sérieuses, et qui présenteraient des garanties suffisantes pour que les richesses de la Bibliothèque fussent mises à leur disposition;

5° Sauf la lettre L et la lettre T (histoire de France et médecine), l'impression du catalogue est ajournée. La rédaction par bulletins autographiés à quatre exemplaires, et collés sur registres par ordre alphabétique et par ordre méthodique, sera poursuivie devant les livres et sur place;

6° Le département des imprimés est divisé en trois fonds :

Le premier, composé de tous les livres qu'il possède le .... 185 ;

Le second, de tous les livres acquis ou déposés depuis cette époque;

Le troisième, des doubles et de tous les ouvrages ou pièces qu'on peut considérer comme inutiles à l'étude. Ces trois fonds demeurent sous la même administration et sont inscrits au même catalogue.

Telles sont, Monsieur le Ministre, les bases de l'organisation nouvelle que nous avons l'honneur de vous soumettre. Profondément affligés de la situation où se trouve la Bibliothèque impériale, nous nous sommes livrés à une étude consciencieuse des moyens d'y porter remède. Nous sommes très-éloignés de croire que dans l'accomplissement de cette tâche nous ayons apporté les lumières qui auraient manqué à nos devanciers; mais, forts de votre appui, nous ne devions pas rencontrer comme eux les résistances qui ont rendu leurs efforts inutiles. En relisant les procès-verbaux des commissions qui nous ont précédés, nous n'avons pas été moins frappés de ce qu'il y a d'excellent dans leurs propositions, que de l'espèce de fatalité qui en a toujours prévenu l'exécution. Sans doute, une réorganisation de la Bibliothèque impériale est plus facile à proposer qu'à effectuer; mais aujourd'hui nous sommes pleins de confiance dans l'importance même de la question, dans les intentions à la fois bienveillantes et fermes que vous nous avez manifestées, et surtout dans la haute sagesse d'un Gouvernement qui peut vouloir et qui sait agir.

Nous avons l'honneur d'être, avec respect,

MONSIEUR LE MINISTRE,

De Votre Excellence, les très-humbles et dévoués serviteurs,

P. MÉRIMÉE, Général ALLARD, LÉLUT, A. MARCHAND, CHAIX-D'EST-ANGE, LASCOUX, J. PELLETIER, DE LABORDE, A. DE LONGPÉRIER, DE SAULCY, GUSTAVE ROULAND.

IMPRIMERIE IMPÉRIALE. — Mai 1858.